Pintores mexicanos A Z

de la A a la Z

LA COLECCIÓN JOVEN DE ARTES DE MÉXICO

Libros del Alba

Pintores mexicanos de la A a la Z
Artes de México, 2007
Primera edición
Primera reimpresión, 2012

Edición: Margarita de Orellana
Corrección: María Palomar

Fotografía: Pablo Aguinaco: pp. 35, 59, 73, 77. Martirene Alcántara-G: p. 29. Carlos Alcázar: p. 67. Gerardo Hellion: pp. 44-45, 74. Javier Hinojosa: pp. 31, 43, 64-65. Francisco Kochen: pp. 13, 14, 15, 19, 21, 23, 25, 33, 39, 79. Salvador Lutteroth y Jesús Sánchez Uribe: p. 53. Rubén Orozco: p. 11. Marco Antonio Pacheco: pp. 60-61, 68. Patricia Tamés: p. 49. Jorge Vértiz: p. 36. Cortesía de Gilberto Aceves Navarro: p. 9. Cortesía Museo Andrés Blaisten: pp. 18, 26, 27, 80. Cortesía familia Climent: p. 17. Cortesía Anna Alexandra Gruen: p. 71. Cortesía Marek Keller: pp. 62, 63. Cortesía Brian Nissen: p. 47. Artes de México: p. 57. © Corbis/Danny Lehman: p. 55.

D.R. © Del texto: Gabriela Olmos
D.R. © Rufino Tamayo/Herederos/México/2012. Fundación Olga y Rufino Tamayo, A.C.
D.R. © De la obra de José Clemente Orozco, Clemente Orozco V.
D.R. © 2012 Banco de México, Fiduciario en el Fideicomiso relativo a los Museos Diego Rivera y Frida Kahlo.
        Avenida Cinco de Mayo núm. 2, col. Centro, Delegación Cuauhtémoc, 06059, México, D.F.

De las obras de Frida Kahlo, Diego Rivera, David Alfaro Siqueiros, José Clemente Orozco, María Izquierdo, Saturnino Herrán, Doctor Atl y José María Velasco:
"Reproducción autorizada por el Instituto Nacional de Bellas Artes y Literatura, 2012".
La obra de María Izquierdo fue publicada con la autorización de Aurora Posada Izquierdo.
Las obras de José Jara y Julio Ruelas fueron publicadas con autorización del Museo Nacional de Arte.
La obra de Remedios Varo fue publicada con la autorización de Anna Alexandra Gruen.
La obra de Rodolfo Morales fue publicada con la autorización de la Fundación Cultural Rodolfo Morales, A.C.
Las obras de Juan Soriano fueron publicadas con la autorización de Marek Keller.
De las obras de José Chávez Morado, Olga Costa y David Alfaro Siqueiros: D.R. SOMAAP.

D.R. © Artes de México, 2007
        Córdoba 69,
        Col. Roma, 06700, México, D.F.
        Teléfonos 5525 5905, 5525 4036

Como libro en encuadernación rústica:
ISBN: 978-970-683-327-3

Impreso en México

Gabriela Olmos

Pintores mexicanos AZ
de la a la

ARTES
DE MÉXICO

Índice

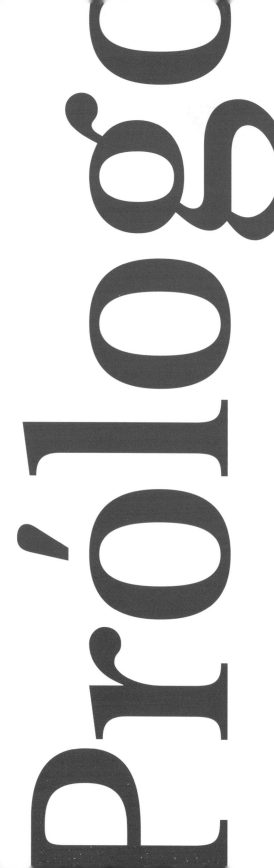

Prólogo

Hay muchas formas divertidas de mirar un cuadro. La primera, la más sencilla, se hace mirando las formas que el pintor quería representar: hay artistas a los que les gustan los paisajes, mientras que otros prefieren las escenas interiores; unos quieren dibujar las formas de los sueños, mientras que otros calcan fielmente la realidad; unos trazan geometrías, mientras otros reproducen galaxias. ¿Por qué?

Y aquí viene la segunda forma de mirar un cuadro: investigando algo sobre la vida del artista que lo creó. Generalmente los pintores retratan lo que les importa. Las obras de un pintor determinado nos muestran sus preocupaciones, sus deseos y sus miedos. Y por eso saber detalles de la vida del artista nos ayuda a comprender su trabajo.

También te puedes acercar a un cuadro conociendo de la técnica con la que fue creado. Es muy diferente la dedicación que se requiere para trabajar pinceles con tintas, que el arrojo que implica pintar murales al fresco. Los materiales, para los pintores, son como los tonos para los cantantes: hay agudos y graves, matices en una escala y en otra.

Otra forma de mirar un cuadro es estudiando el momento en el que fue creado. Una obra hecha en un periodo de rebelión naturalmente será un grito de guerra, mientras que una pieza hecha en un momento de paz podrá ser un dulce murmullo o podrá mostrar otro tipo de batalla: la del pintor consigo mismo.

En las siguientes páginas encontrarás una galería alfabética que incluye la obra de algunos destacados pintores mexicanos del siglo XX. En este libro te sugerimos una lectura de estas piezas fundamentales de nuestra cultura. Pero tú puedes pensar muchas más.

Y, además, puedes aventurarte a buscar tu propio lenguaje plástico: piensa en las formas que quisieras representar, en tus miedos más grandes y en tus deseos, descubre cuáles son los materiales necesarios para expresarte, trata de entender el mundo en el que vives... ¡Y pinta! ✦

Gilberto Aceves Navarro es un pintor que un día se cansó del mundo en el que todos vivimos. Entonces cerró los ojos y descubrió otro lugar en el que hasta los cirqueros tienen formas chistosas.

Pareja de alambristas, 1982.
Óleo sobre tela. 100 x 120 cm.

A principios del siglo XX, a **Hermenegildo Bustos** (1832-1907) le gustaba pintar los milagros que le sucedían a la gente, para que los colocaran como ofrenda en las iglesias. Me pregunto cuáles habrán sido sus favoritos: las curaciones de enfermedades graves, las apariciones o los talentos descubiertos lejos de la escuela. Como el suyo.

IZQUIERDA:
Exvoto dedicado a la Virgen de
San Juan de los Lagos, 1905.
Óleo sobre lámina. 10 x 13 cm.
Colección Durand Arias.

DERECHA:
Exvoto dedicado a la Virgen de
San Juan de los Lagos, *ca.* 1900.
Óleo sobre lámina. 18 x 13 cm.
Colección Durand Arias.

En la Ciudad de Sn. Fran.° del Rcon. el 18 de Obre. de 1905
Don Atilano Reyes, sufrío un balazo en el brazo derecho hiri-
endole el costado superficialmente, y el agresór quería des-
cargarle mas tiros, más, el invocó sin cesar. A Mª Santisima
de San Juan, y lo dejo libre. y al poco tiempo sanó.
Y en prueba de su eterna gratitud le dedicó este retablo.

En el rancho de San Bernardo jurisdicion de Pma. del Rincon, asían
11 años que padecía, Don Buenaventura Marques, unas llagas: curado por
varios medicos, ninguno pudo sanarlo.. y el dia 8 de Octubre de 1888 se vió
muy grave: y sin encontrar remedio en lo humano; se encomendó á MARIA
SANTISIMA de Sn. Juan.. y luego sintió alivio asta quedar sáno. Y en testimonio
de eterna gratitud le dedicó el presente, á 2 de Febrero de 190..

José Chávez Morado (1909-2002) se divertía mucho en las fiestas de Silao, Guanajuato, su pueblo natal. A veces le tocaba hacerle de torito y perseguía a las mujeres bonitas. Pero otras veces sólo pintaba.

Vírgenes locas, 1943.
Óleo sobre tela. 47 x 61 cm.
Museo de Arte Moderno.
Conaculta-INBA.

Joaquín Clausell (1866-1935) era un pintor de paisajes al que le gustaba cerrar un poco los ojos para ver cómo se volvían borrosas todas las cosas. Pero en las paredes de su estudio pintaba otros escenarios: los que le dictaba su imaginación. No eran vistas panorámicas, sino puertas que lo llevaban a otros mundos.

⊿ Paleta del pintor.
Óleo sobre madera. 33 x 41 cm.
Museo de la Ciudad de México.

Detalle de la pared de su estudio.
Óleo sobre yeso. 100 x 120 cm.
Museo de la Ciudad de México.

Enrique Climent (1897-1980) nos invitaba a caminar sin rumbo por las calles de sus ciudades imaginarias. En estos pequeños paraísos guardados por murallas sólo se escuchaba la melodía del silencio.

La casa amurallada, 1973.
Óleo sobre tela.
40 x 50 cm.

C

El verdadero nombre de **Olga Costa** (1925-1993) era Olga Kostakowsky porque sus padres eran rusos. Ella era experta en frutas y verduras: sabía que uno puede disfrutar una jugosa tuna, o sentir el corazón espinado como un nopal.

▲ *Corazón egoísta*, 1951.
Óleo sobre tela.
67 x 73 cm.
Colección Blaisten.

La vendedora de frutas, 1951.
Óleo sobre tela. 194 x 246 cm.
Museo de Arte Moderno.
Conaculta-INBA.

El lugar favorito del **Doctor Atl** (su verdadero nombre era Gerardo Murillo, 1875-1964) eran las faldas del Popocatépetl. Por eso abría bien los ojos para pintar toda su belleza. Quizá imaginaba que la intensa luz que reflejaba la nieve era parecida al brillo del Paraíso.

Vista del Popocatépetl, 1934.
Temple y Atl-color sobre masonite.
Colección Blaisten.

Enrique Echeverría (1923-1972) tenía un trato cálido como los colores de sus cuadros. Un día tuvo un sueño: había líneas y colores bailando.

A **Manuel Felguérez** le gusta mucho la geometría.
Por eso repite sus principios una y otra vez en sus
pinturas. Me pregunto si pensará lo mismo de
la aritmética y el álgebra.

Elementos que produce la evidencia, 1973.
Laca sobre tela. 50 x 125 cm.
Colección particular.

A **Manuel González Serrano** (1917-1960) le decían
El Hechicero. ¿Habrá sido por su mirada triste,
o porque sabía hacer que la naturaleza germinara
caprichosa en cualquier lugar?

Sospecho que **Irma Grizá** tiene algo de sirena:
nos seduce con sus olas y nos atrapa para siempre.

Cancún, 1999.
Óleo sobre lino.
15 x 20 cm.

A **Saturnino Herrán** (1887-1918) le gustaba mucho el cempasúchil porque parecía que el fuego florecía. Sus altares del Día de Muertos eran como incendios floridos.

La ofrenda, 1913.
Óleo sobre tela. 185 x 209 cm.
Museo Nacional de Arte.
Conaculta-INBA.

Sabemos que a **María Izquierdo** (1902-1955) le gustaba ir al circo. Quizá quería volar como los trapecistas, mostrar su valentía como el domador, o ser precisa como el equilibrista. O quizá quería volver a ser niña cada vez que pintaba esta arena de ensueño y maravilla.

Escena de circo con elefante, 1939.
Gouache. 39 x 49 cm.
Colección particular.

J

Al ver el realismo de sus pinturas, uno pensaría
que el poblano **José Jara** (1867-1939) vivió
la fundación de Tenochtitlán. Pero de ser así,
al pintar este cuadro hubiera sido viejísimo.

Fundación de la ciudad de México, 1889.
Óleo sobre tela. 141 x 196 cm.
Museo Nacional de Arte.
Conaculta-INBA.

K

Después del accidente que tuvo, a **Frida Kahlo** (1907-1954) le costaba trabajo caminar. Pero, al buscar en su dolor, descubrió los secretos para volar.

Diario de Frida Kahlo, 1953.
Museo Frida Kahlo.

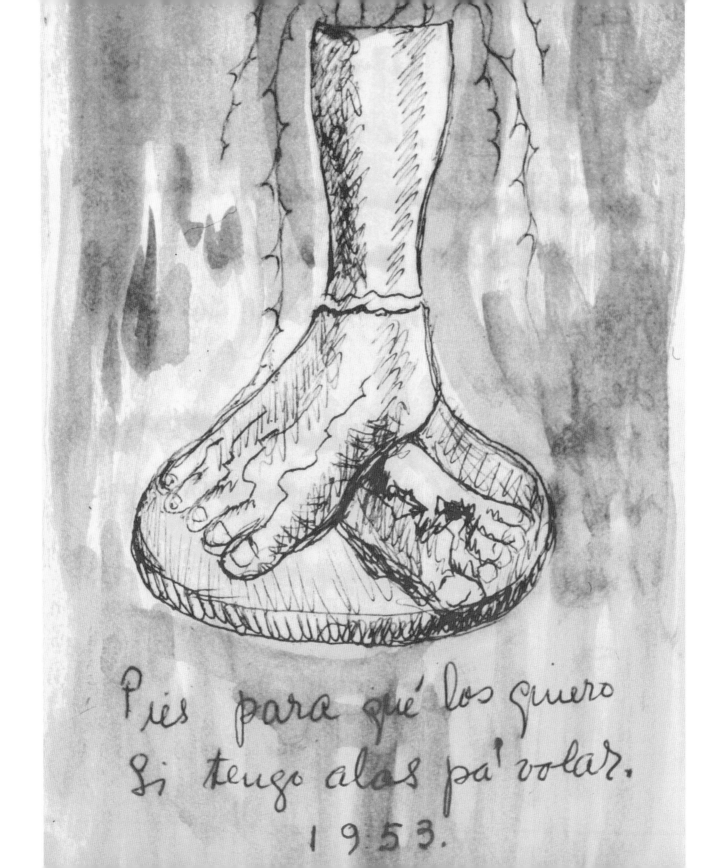

Pies para qué los quiero
Si tengo alas pa' volar.
1953.

Joy Laville nació en Inglaterra, pero vino a México
a estudiar pintura. Y aquí aprendió a mirar la sonrisa
de las palmeras, y a escuchar cómo cantan los
cocos cuando les hace cosquillas el viento.

Desnudo y sombrilla, 1967.
Pastel sobre papel. 45 x 58 cm.
Colección particular.

M

El tapatío **Roberto Montenegro** (1881-1968) era un mago del espacio: sabía cómo meter una habitación entera en una pequeña esfera de cristal.

Autorretrato, 1942.
Óleo sobre madera. 69 x 59 cm.
Museo de Arte Moderno.
Conaculta-INBA.

Parece que **Rodolfo Morales** (1925-2001) asistía a
bodas espectaculares en Ocotlán, Oaxaca, su pueblo natal.
En estas fiestas los novios partían a su luna
de miel volando.

Sin título.
Óleo sobre tela.
Colección particular.

Luis Nishizawa sabe mirar la serenidad del mundo. Y nos enseña a encontrarla en el aire que peina las montañas.

Brian Nissen es un pintor que conoció La Atlántida. Todo parece indicar que sus cartografías han llevado a otros viajeros a buscarla con insistencia. ¡Si tan sólo nos hubiera dejado dichas las coordenadas para llegar a este lugar!

IZQUIERDA:
Atlántida, 1991.
Pintura sobre papel impreso.
160 x 100 cm.

DERECHA:
Canto de sirena, 1991.
Pintura sobre papel impreso.
160 x 100 cm.

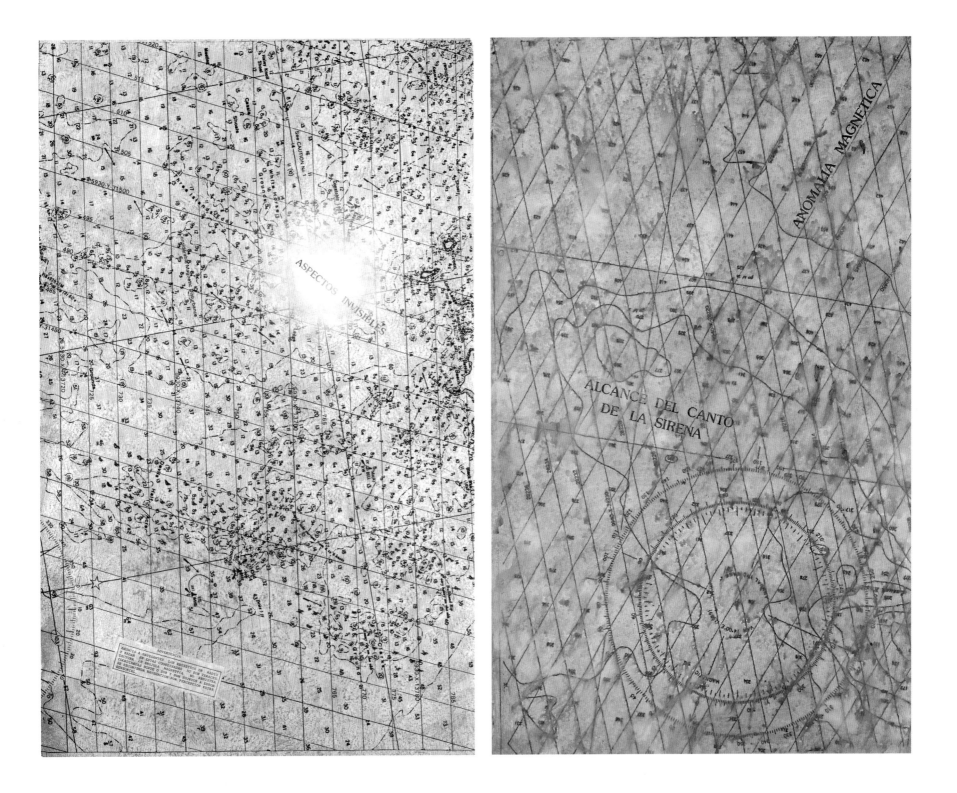

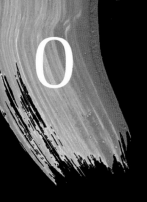

Creo que a **José Clemente Orozco** (1883-1949) le gustaba ver llegar a los bomberos. Por eso, imagino, habrá pintado esta cúpula que parece un incendio permanente.

El hombre de fuego (Hombre energía), 1937.
Mural al fresco.
Hospicio Cabañas.
Conaculta-INBA.

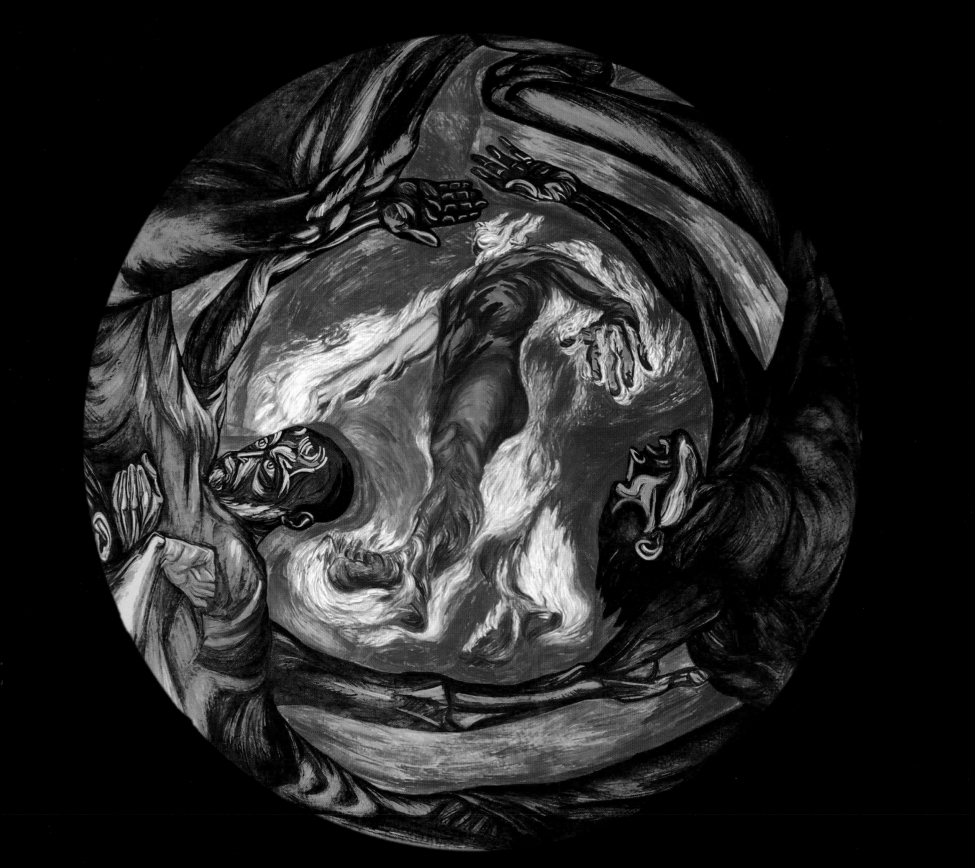

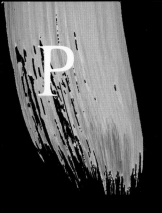

Tal parece que el caricaturista **José Guadalupe Posada** (1852-1913) logró viajar al país de los muertos. Y descubrió ahí que las calacas no tienen interés en asustar a los vivos, porque en su mundo no la pasan nada mal.

El jarabe de ultratumba, ca. 1910.
Grabado sobre placa de zinc.

Abel Quezada (1920-1991) era un pintor que usaba los lentes de la caricatura para mirar agudamente la realidad.

La Feria Internacional del Sombrero, 1977.
Óleo sobre tela. 90 x 90 cm.

Diego Rivera (1886-1957) era un muralista que tenía unos amigos con caras muy graciosas. Pero los que eran verdaderamente chistosos eran sus enemigos.

La dictadura (detalle), 1936.
Mural al fresco. 389 x 211 cm.
Palacio de Bellas Artes.
Conaculta-INBA.

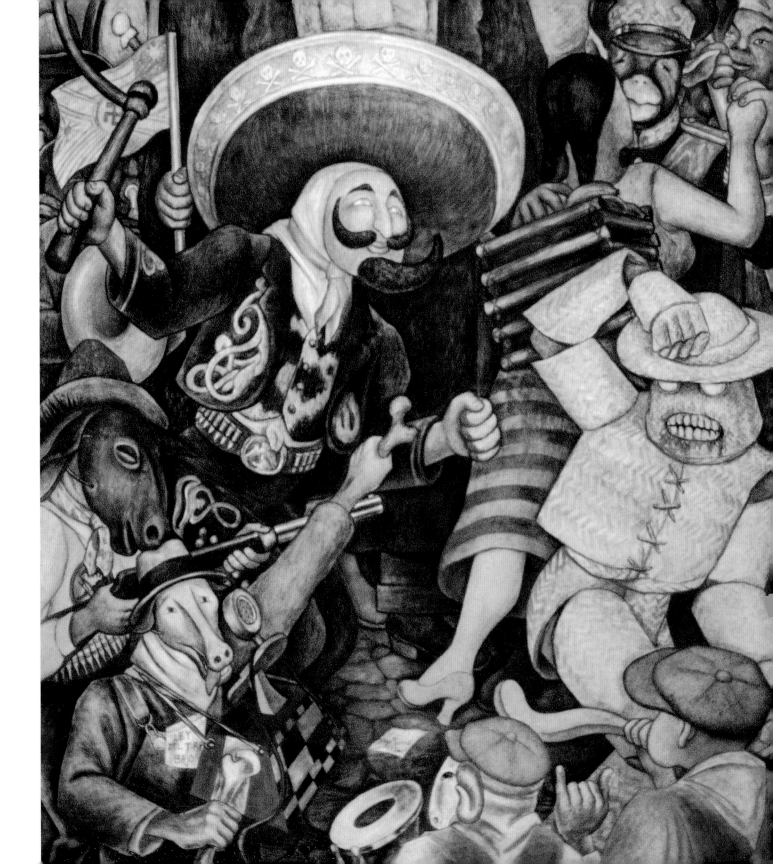

A **Vicente Rojo** le encantan las gotas de lluvia. Pero las ha de ver con un lente mágico que las hace triangulares.

México bajo la lluvia, 1989.
Técnica mixta sobre papel.
52.5 x 52.5 cm.

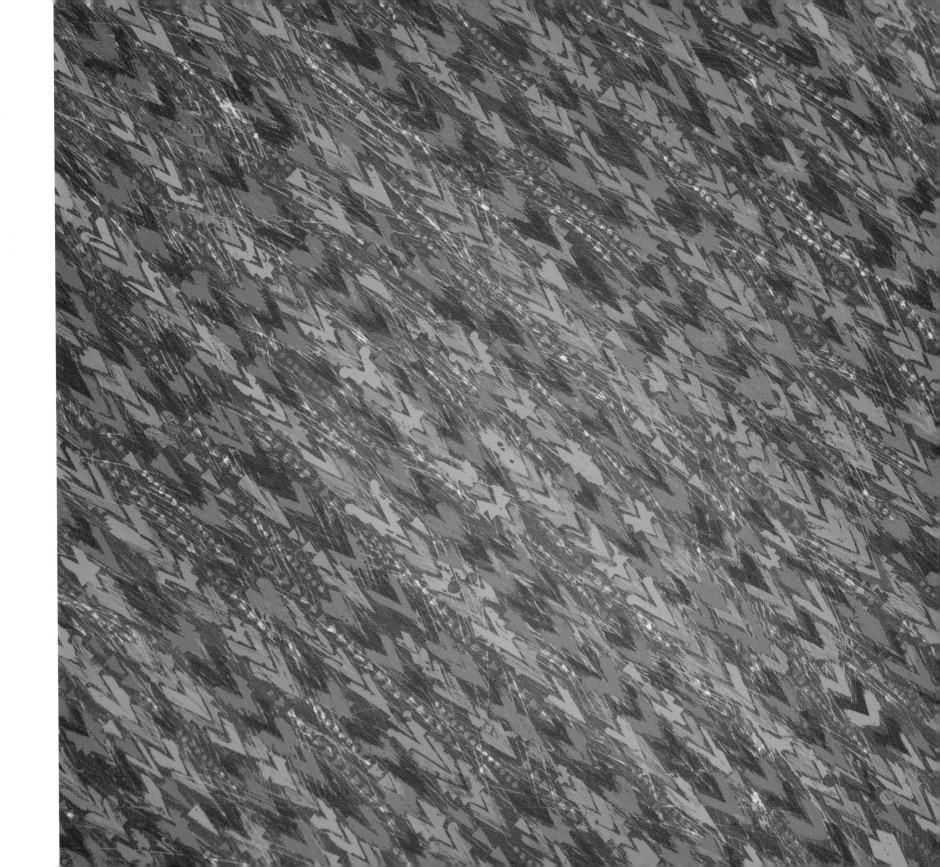

R

El grabador **Julio Ruelas** (1860-1907) rompió la
maldición: vio a Medusa por horas, incluso la pintó,
y no se convirtió en piedra.

Medusa, 1906-1907.
Impresión sobre papel / grabado en metal.
Museo Nacional de Arte.
Conaculta-INBA.

MEDVSE

David Alfaro Siqueiros (1896-1974) fue un pintor que estuvo recluido en la cárcel de Lecumberri. Tal vez ahí conoció a unos obreros que tenían los brazos muy, muy largos porque les gustaba mucho trabajar.

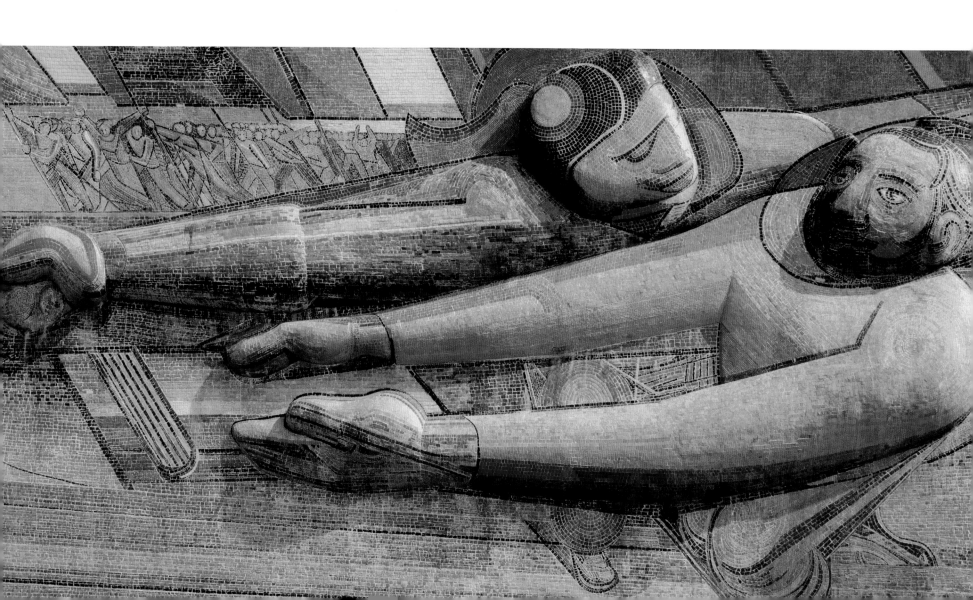

El pueblo a la Universidad y la Universidad al pueblo, 1952-1956.
Mosaico.
Universidad Nacional Autónoma de México.

Un día, la muerte llegó a la casa de **Juan Soriano** (1920-2006). Platicaron un rato, incluso tomaron el té, pero partió decepcionada: la obra de Soriano ya era inmortal.

Calavera, 1954.
Óleo sobre tela. 77 x 87 cm.
Colección particular.

La visita, 1978.
Óleo sobre tela. 155 x 110 cm.
Colección Fundación Cultural Televisa.
Casa Lamm.

T

¿Quién gana un pleito entre un jaguar y una serpiente?
Rufino Tamayo (1889-1991) lo sabía. Lo había descubierto
en un sueño. Pero no nos quiso decir la respuesta.

A **Francisco Toledo** –pintor, escultor, grabador y ceramista– le gusta mirar insectos. Sabe que poseen una inmensidad diminuta.

Insectos, 1989.
Encáustica sobre papel. 60 x 66 cm.

Cordelia Urueta (1908-1995) fue maestra de dibujo en algunas escuelas primarias. Quizá los niños fueron quienes le enseñaron a atrapar los colores de sus sueños y moldearlos con las manos.

La voz, 1958.
Óleo sobre tela. 150 x 111 cm.
Museo de Arte Moderno.
Conaculta-INBA.

Remedios Varo (1908-1963) era una pintora surrealista que conocía el país de los sueños. Y, como cualquier buena geógrafa, nos mostraba detalladamente sus rincones.

Tránsito en espiral, 1962.
Óleo sobre masonite. 110 x 115 cm.
Colección particular.

Aunque sus trabajos más conocidos eran las vistas de los volcanes, **José María Velasco** (1840-1912) pintó la flora de la prehistoria. Ya era muy viejito para entonces. Algunos pensaban que hasta la recordaba.

IZQUIERDA:
Flora y fauna marina del periodo
cuaternario plio-pleistoceno.
Óleo sobre cartón. 23 x 15 cm.
Museo Nacional de Arte.
Conaculta-INBA.

DERECHA:
Flora y fauna marina de los periodos
paleozoico, siluriano y devónico.
Óleo sobre cartón. 23 x 15 cm.
Museo Nacional de Arte.
Conaculta-INBA.

V

A **Roger von Gunten** le gustan mucho los nopales porque alegran el desierto, especialmente los que tienen pencas de colores.

El nopal de la vida, 1992.
Acrílico sobre papel. 26 x 34 cm.
Colección particular

X

Héctor Xavier (1921-1994) quería atrapar a
los animales en sus lienzos. Logró capturar
sus colores, sus formas y hasta sus cantos.

Alfredo Zalce (1908-2003) vio nacer
el Paricutín. Y lo pintó. Años después, el
Paricutín vio morir a Alfredo Zalce.
Y entristeció.

Paricutín, 1949.
Óleo sobre tela. 54 x 79 cm.
Colección particular.

Ángel Zárraga (1886-1946) aprendió mucho de su oficio en Europa. Quizás ahí descubrió que, a veces, algunas mujeres bonitas juegan a los títeres con sus amigos.

La mujer y el pelele, 1909.
Óleo sobre tela. 175 x 141 cm.
Colección Blaisten.

GILBERTO ACEVES NAVARRO

Pintor, grabador, escultor y muralista nacido en la ciudad de México. Rompió con el discurso oficial que caracterizó a la Escuela Mexicana de Pintura en la década de 1950. Su influencia fue importante para el desarrollo del neoexpresionismo en la década de 1980. Ha sido profesor de varias generaciones de artistas plásticos

HERMENEGILDO BUSTOS

(1832-1907) Pintor autodidacta de origen indígena. Nació y murió en Purísima del Rincón, Guanajuato. Produjo cuadros y murales con asuntos religiosos, además de exvotos y retratos. Con unos pocos conocimientos y su aguda observación pudo captar la vitalidad contenida, no en tipos ideales ni excepcionales, sino en personas reales, concretas e identificables.

JOSÉ CHÁVEZ MORADO

(1909-2002) Pintor, escultor y grabador nacido en Silao, Guanajuato. Estudió en la Chouinard School of Arts de Los Ángeles y en la Academia de San Carlos. Perteneció al Taller de la Gráfica Popular. Fue miembro fundador del Salón de la Plástica Mexicana. Fue autor de varios murales que se encuentran en Ciudad Universitaria y en la Alhóndiga de Granaditas, entre otros lugares.

JOAQUÍN CLAUSELL

(1866-1935) Pintor mexicano que defendió a los humildes, tanto en los tribunales como en su obra. Colaboró en *El hijo del Ahuizote*, *El Monitor Republicano* y *El Universal*. Fundó y dirigió el periódico *El Demócrata* hasta su cierre a causa de la censura. Su exilio lo llevó a París, donde conoció la obra de Pissarro y los impresionistas, que fueron una influencia decisiva en su obra.

ENRIQUE CLIMENT

(1897-1980) Pintor e ilustrador vanguardista nacido en Valencia, España, antes de la Guerra Civil. Debido a este conflicto bélico emigró a México en 1939. Se destacó por su imaginación y perfeccionismo en la pintura al óleo, al temple, al pastel y en la acuarela, el grabado en linóleo, el acrílico, el *batik* sobre papel, la serigrafía y la mixografía.

OLGA COSTA

(1913-1993) Nació en Leipzig, Alemania. De padres rusos, en 1925 llegó a México donde, tras conocer a Diego Rivera, Frida Kahlo y Rufino Tamayo, entre otros, decidió inscribirse en la Academia de San Carlos. Sin embargo, abandonó estos estudios a los cuatro meses por problemas económicos. Un viaje a Japón dejó honda huella en su pintura. En 1979 fundó, junto con su esposo, el pintor José Chávez Morado, el Museo del Pueblo de Guanajuato.

GERARDO MURILLO, DOCTOR ATL

(1905-1964) Pintor y escritor emblemático de México. Estudió pintura en la Academia de San Carlos. Sus revolucionarias ideas lo llevaron, junto con un grupo de condiscípulos, a una huelga en 1911 en la que pugnaban por la evolución de los métodos de enseñanza y por la adopción de nuevas corrientes artísticas. Sus intereses abarcaron también la vulcanología, labor que combinó con la pintura y que se deja ver en sus memorables vistas de volcanes.

ENRIQUE ECHEVERRÍA

(1923-1972) Nació en la ciudad de México. Formó parte del taller de Arturo Souto. Fue cofundador del movimiento artístico de la Ruptura. Se caracterizó por hacer un arte universal alejado del nacionalismo predominante. En 1954 expuso individualmente en la Galería Proteo y en 1955 expuso por primera vez en el extranjero. Su forma de sintetizar la estructura de los objetos lo relacionó con el semiabstraccionismo de la escuela de París de la década de 1950.

MANUEL FELGUÉREZ

Pintor y escultor abstracto nacido en Zacatecas. Ha hecho también escenografías y esculturas artesanales. Fue discípulo de Ossip Zadkine en París. Participó en la creación del Espacio Escultórico de la UNAM. Ganó el Premio Nacional de Arte en 1988. Tanto en su pintura como en su escultura, explora las posibilidades de la materia en relación con el color. Junto con el gobierno de Zacatecas creó el Museo de Arte de Abstracto que lleva su nombre. Este espacio es único en el mundo, y exhibe cientos de obras de pintores latinoamericanos.

MANUEL GONZÁLEZ SERRANO

(1917-1960) Pintor autodidacta. A fines de la década de 1930 asistió como oyente a cursos en La Esmeralda y en la Academia de San Carlos. Su pintura se puede clasificar como surrealista. El deterioro de su salud mental hizo que alternara fructíferas etapas creativas con largos periodos de inactividad debido a su necesidad de ayuda médica. Son muy característicos de su obra el aislamiento, los ambientes desolados y las naturalezas muertas.

IRMA GRIZÁ

Nació en la ciudad de México, donde estudió pintura y grabado en la Academia de San Carlos. En su pintura es posible percibir la esencia de los objetos, que se disuelven y se van haciendo cada vez más abstractos. Su extensa obra ha sido exhibida en casi treinta exposiciones individuales en México, Estados Unidos y Francia. Han escrito sobre ella críticos y escritores de renombre como Raquel Tibol, Eliseo Alberto y Alfonso Alfaro, entre otros.

SATURNINO HERRÁN

(1887-1918) Nació en Aguascalientes. A la muerte de su padre viajó a la ciudad de México para hacerse cargo de su madre e ingresó a la Academia de San Carlos. Estuvo sumamente interesado en la condición mestiza. Solía resolver sus composiciones a la manera del *Art nouveau*. Participó en algunas corrientes de principios de siglo XX como el simbolismo.

MARÍA IZQUIERDO

(1902-1955) Nació en San Juan de los Lagos, Jalisco. Después de casarse, tener tres hijos y viajar a la ciudad de México, dejó a su esposo e ingresó a la Academia de San Carlos. Conoció al pintor Rufino Tamayo y compartió su estudio con él. Fue autora de óleos, dibujos, xilografías y aguafuertes, muchos de ellos dedicados al circo.

JOSÉ JARA

(1867-1939) Nació en Tecamachalco, Puebla. Viajó a la ciudad de México, donde estudió pintura en la Academia de San Carlos. Unos de sus dibujos ganó medalla de bronce en la Exposición Universal de París en 1889. Fue director de la Academia de Bellas Artes y rector de la Universidad Nicolaíta. Su pintura es de corte figurativo.

FRIDA KAHLO

(1907-1954) Nació en Coyoacán, en la ciudad de México. A los 18 años sufrió un accidente que se convirtió en una de sus principales fuentes de inspiración. Se casó con Diego Rivera, quien la impulsó a seguir pintando. Estudió los retablos, exvotos y el arte popular. Su producción se puede inscribir en la corriente surrealista. Es una de las pintoras mexicanas más conocidas en el mundo.

JOY LAVILLE

Nació en la Isla de Wight, Inglaterra. Viajo a México para cursar pintura en el Instituto Allende de Guanajuato. En San Miguel de Allende conoció al pintor Roger von Gunten, quien ejerció en sus primeras obras una fuerte influencia. Su pintura es tenue y delgada, y sus ambientes son apacibles y silenciosos. Se casó con el escritor Jorge Ibargüengoitia.

ROBERTO MONTENEGRO

(1881-1968) Nació en Guadalajara, Jalisco. Recibió sus primeras lecciones de pintura en el taller de Félix Bernardelli. Fue recomendado por Amado Nervo para colaborar con ilustraciones de viñetas en la *Revista Moderna*. Ingresó en la Academia de San Carlos. Estudió en Europa y su obra estuvo influida por los simbolistas, los decadentistas y el *Art nouveau*. A su regreso de Europa se unió al movimiento muralista. Incursionó en el arte abstracto y en el surrealismo. Su vasta obra incluye pintura, grabado, ilustración, viñetas y vitrales. Fue un importante promotor de las artes populares mexicanas.

RODOLFO MORALES

(1925-2001) Nació en Ocotlán, Oaxaca. Estudió en la Academia de San Carlos. Su obra rescata lo real maravilloso y combina las preocupaciones artísticas de su movimiento con sus conocimientos de pintores italianos y flamencos.

LUIS NISHIZAWA

Nació en Cuautitlán, Estado de México. Ingresó a la Academia de San Carlos. En su obra se mezclan el academicismo del siglo XIX, el aire popular de la Escuela Mexicana y el arte abstracto. También incorpora en su creación técnicas japonesas. Dentro de su trabajo es posible encontrar dibujos, frescos, murales, relieves, vitrales y lienzos. Fundó un museo de arte contemporáneo en Toluca, Estado de México.

BRIAN NISSEN

Nació en Londres. Estudió en la London School of Printing and Graphic Arts y en la École des Beaux Arts en París. Viajó a Nueva York en 1963 para luego permanecer en México hasta 1978. Se incorporó al movimiento artístico mexicano llamado la Ruptura, formado por Manuel Felguérez, Vicente Rojo y Kazuya Sakai en la décadas de 1960 a 1980. Incorpora en su obra el mundo prehispánico y el occidental. Dentro de su trabajo se encuentran dibujos, pinturas y esculturas. Actualmente vive en Nueva York y México.

JOSÉ CLEMENTE OROZCO

(1883-1949) Nació en Zapotitlan El Grande (Ciudad Guzmán), Jalisco. De niño llegó a la ciudad de México en donde cursó clases nocturnas de dibujo al mismo tiempo que la preparatoria. Un accidente con pólvora hizo que perdiera la mano izquierda. Colaboró en *El Imparcial* y en *La Vanguardia*, donde publicó caricaturas anticlericales. Fue uno de los más connotados muralistas.

JOSÉ GUADALUPE POSADA

(1852-1913) Nació en Aguascalientes. Se inició como caricaturista en el periódico *El Jicote*. Se asoció con el impresor Trinidad Pedroza y puso un taller en León, Guanajuato. Viajó a la ciudad de México. Trabajo para periódicos satíricos y publicó numerosas hojas sueltas. Trabajó la litografía, el grabado en madera y lámina de plomo. La mayor parte de su obra está hecha como grabado en lámina de zinc o al aguafuerte.

ABEL QUEZADA

(1920-1991) Pintor y caricaturista nacido en Monterrey. Sus cartones aparecieron en numerosas publicaciones mexicanas, entre ellas *Ovaciones*, *Cine Mundial*, *Últimas Noticias*, *Excélsior* y *Novedades*. Fue colaborador del diario *La Jornada* y de las revistas estadunidenses *The New Yorker* y de *The New York Times Magazine*. Expuso por primera vez su pintura en 1985 en el MAM de la ciudad de México. En 1975 ganó en premio del Club de Periodistas y, en 1980, el Premio Nacional de Periodismo.

DIEGO RIVERA

(1886-1957) Nació en Guanajuato. Estudió en la Academia de San Carlos y en la Academia de San Fernando en Madrid. Vivió diez años en París. Fue uno de los muralistas más importantes y polémicos de su época. Se inició pintando los frescos de la Escuela Nacional Preparatoria. Fue miembro fundador de El Colegio Nacional. Recibió el Premio Nacional de Ciencias y Artes en 1950. Estuvo casado con la pintora Frida Kahlo.

VICENTE ROJO

Nació en Barcelona, España. Llegó a México en 1949. Estudió pintura y tipografía. Ha realizado una extensa obra como pintor, escultor, grabador y diseñador. Ha colaborado en la fundación de editoriales, suplementos culturales y otras publicaciones. Ha llevado a cabo numerosas exposiciones individuales y ha participado en incontables muestras colectivas en diversos países. Con poetas y narradores ha publicado cartelas de obra gráfica en México, Francia y España, las cuales están reunidas en su libro *Alas de papel*. Como escultor es autor de obras públicas ubicadas en varias ciudades de México.

JULIO RUELAS

(1860-1907) Nació en Zacatecas. Estudió en el Instituto Científico e Industrial de Tacubaya y en el Colegio Militar de Chapultepec. Viajó becado a Alemania para estudiar en la Academia de Artes de Karlsruhe. A su regreso, ya influido por el simbolismo y sobre todo por la obra de Böcklin, se convirtió en el principal ilustrador de la *Revista Moderna*. Fue autor de óleos, pasteles y grabados al aguafuerte.

DAVID ALFARO SIQUEIROS

(1896-1974) Muralista nacido en Santa Rosalía de Camargo, Chihuahua. Estudió en la Escuela de Pintura al Aire Libre de Santa Anita antes de unirse al ejército constitucionalista. En 1917 ingresó a la Escuela Nacional de Bellas Artes. Frecuentó las reuniones del Centro Bohemio de Guadalajara. En 1919 viajó a Europa, donde conoció a Diego Rivera en París. La lucha social fue fundamental en su vida, y fue más que un elemento de su obra, por eso estuvo encarcelado en diversas ocasiones. Estableció el Centro de Arte Realista.

JUAN SORIANO

(1920-2006) Pintor, escultor y ceramista nacido en Jalisco. Fue alumno de Francisco Rodríguez, "Caracalla". Viajó a la capital en 1935 y se relacionó con Xavier Villaurrutia, Carlos Pellicer, Octavio Paz y María Izquierdo, entre otros. Fue discípulo de Chucho Reyes. Junto con Jaime García Terrés y Leonora Carrington, fundó el grupo teatral *Poesía en Voz Alta*. Su pintura es difícil de clasificar, pero se define como la obra de un artista libre y gozoso.

RUFINO TAMAYO

(1899-1991) A los 18 años ingresó en la Academia de San Carlos. Trabajó en el departamento de dibujos etnográficos del Museo Nacional de Arqueología, donde se vinculó profundamente con los objetos prehispánicos. Su estética se distanció del muralismo nacionalista de su época. Su obra se caracteriza por su colorido y geometría.

FRANCISCO TOLEDO

Nació en Juchitán, Oaxaca. Pintor, escultor, ceramista y grabador. Aprendió litografía en la Escuela de Artes y Artesanías de la ciudad de México. Viajó a Francia y asistió al taller de Stanley W. Hayter. Colaboró con la creación del Museo de Arte Contemporáneo de Oaxaca, el Centro Cultural Santo Domingo en Oaxaca, el Instituto de Artes Gráficas de Oaxaca y el Museo de Fotografía Manuel Álvarez Bravo. Su obra tiene un sentido universal.

CORDELIA URUETA

(1908-1995) Nació en Coyoacán, en la cuidad de México. Estudió en la Escuela de Pintura al Aire Libre de Churubusco. Fue maestra de dibujo en algunas escuelas primarias de la SEP. Se relacionó con el Doctor Atl, Leopoldo Méndez, María Izquierdo, Pastor Velázquez y Gustavo Montoya, con quien se casó en 1938. Fue cofundadora del Salón de la Plástica Mexicana.

REMEDIOS VARO

(1908-1963) Nació en Anglès, provincia de Gerona, España. Fue de las primeras mujeres en ingresar a la Academia de San Fernando de Madrid. Su paso por Francia y su amistad con Óscar Domínguez, Víctor Brauner, Yves Tanguy y André Breton consolidaron su interés por el surrealismo. La invasión nazi la obligó a refugiarse en México, donde integró con Kati Horna, Emerico Weisz y Leonora Carrington, entre otros, el círculo de artistas exiliados.

JOSÉ MARÍA VELASCO

(1840-1912) Nació en Temascalcingo, Estado de México. Fue discípulo de Santiago Rebull, Pelegrin Clavé y Eugenio Landesio en la Academia de San Carlos. Incursionó en la botánica, la zoología, y la anatomía. En 1874 se fue a vivir a la Villa de Guadalupe, cuya vista fue importante para sus más conocidos paisajes. Fue miembro fundador de la Sociedad Mexicana de Historia Natural y dibujante del Museo Nacional.

ROGER VON GUNTEN

Nació en Suiza. Estudió con Johannes Itten en la Escuela de Artes y Oficios de Zurich y tomó clases de grabado en metal en la Universidad Iberoamericana. Llegó a México en 1957 y se unió al Grupo del Salón Independiente junto con otros treinta artistas que se negaban a exponer con el patrocinio oficial. Se trasladó a Tacámbaro, Michoacán, donde permaneció durante varios años. Después partió rumbo al estado de Morelos. En 1993 fue nombrado miembro del Sistema Nacional de Creadores de Arte.

HÉCTOR XAVIER

(1921-1994) Nació en Tuxpan, Veracruz. Dibujante, pintor y grabador. Se inició en la plástica haciendo caricaturas. Asistió a la Escuela del Libro para aprender grabado y después a La Esmeralda, de donde fue expulsado. En 1945 instaló un taller de pintura en el Hotel Rey, junto con el pintor dominicano Darío Suro. Perteneció al grupo de artistas que luchaban contra el arte oficial, junto con Mathias Goeritz y Rufino Tamayo.

ALFREDO ZALCE

(1908-2003) Pintor, escultor y grabador originario de Pátzcuaro, Michoacán. A los 16 años ingresó a la Escuela Nacional de Bellas Artes. En 1930 fundó la Escuela de Pintura y Escultura en Taxco. Utilizó por primera vez el cemento pintado como técnica artística. Fue miembro fundador de la LEAR (Liga de Escritores y Artistas Revolucionarios) y del Taller de la Gráfica Popular

ÁNGEL ZÁRRAGA

(1886-1946) Nació en Durango. Estudió en la Academia de San Carlos. En 1904 viajó a Europa y visitó Bélgica, Francia y España. A partir de 1913 abandonó el realismo simbólico para incursionar en el cubismo llamado "sintético". A partir de 1921 se dedicó al muralismo.

Glosario

ACRÍLICO. Material para pintar hecho con pigmentos mezclados con recinas sintéticas. Los acrílicos son solubles en agua, secan rápido y son de fácil aplicación, por lo que se pueden utilizar para pintar prácticamente sobre cualquier superficie, como tela, madera o yeso. Sus colores son firmes y no son transparentes.

ACUARELA. Material para pintar hecho con pigmentos sumamente finos mezclados con agua destilada y goma arábiga. Las acuarelas se venden en tubo o en pastilla y para poder usarlas hay que disolverlas en agua. La técnica de pintura a la acuarela es muy luminosa y tiene tonos traslúcidos que provienen del color del papel sobre el que se pinta, por lo que de preferencia éste siempre debe de ser blanco.

CARBONCILLO. Palillo hecho de una madera ligera, carbonizada, que sirve para dibujar.

EMULSIÓN. Es una mezcla estable de componentes que naturalmente no se pueden mezclar, como son el agua y el aceite. La yema de huevo es una emulsión natural.

ENCÁUSTICA. Técnica de pintura en la que se emplean pigmentos mezclados con cera derretida. Los colores se aplican calientes y por ello hay que mantenerlos en una paleta de metal que pueda ponerse al fuego.

EXVOTO. Expresión de arte popular adoptada por el cristianismo con la que los fieles agradecen a su dios algún hecho o curación recibida. Los exvotos son ofrendas que se dejan en los santuarios y la mayoría de ellos narran, a través de imágenes y texto, los episodios desafortunados que los fieles vivieron. Generalmente están pintados con óleo o acrílico sobre lámina o sobre madera.

FRESCO. Técnica de pintura que consiste en aplicar pigmentos disueltos en agua con cal sobre paredes y techos preparados con una capa de argamasa, mientras ésta permanezca húmeda. La argamasa se compone de pasta de cal, arena y en ocasiones polvo de mármol.

GRABADO. Sello que permite reproducir figuras sobre papel. La imagen que se requiere imprimir se dibuja en la superficie de una plancha de madera, en una hoja de linóleo o en láminas de metales como cobre, acero o zinc. Estas láminas se pueden preparar siguiendo varias técnicas, como el aguafuerte, el aguatinta o la punta seca.

GRABADO AL AGUAFUERTE. Técnica de grabado que permite reproducir imágenes hechas con líneas y puntos. Para hacer un grabado al aguafuerte se cubre una lámina de metal con una fina capa de barniz o de resina. Una vez seca, se le graba el dibujo con puntas de acero. Después la lámina se sumerge en un baño de ácido que ataca las partes en donde se hizo el grabado, esto es, en las zonas que ya no tienen la capa de resina por haberla levantado con las puntas de acero. El ácido da profundidad a las líneas dibujadas. Se limpia la lámina, se le pone tinta, se le quita el exceso y se hace la impresión. Las zonas corroídas son las que se imprimirán.

GRABADO AL AGUATINTA. Técnica de grabado que permite reproducir imágenes con efectos similares a los de las acuarelas, esto es, con una gran variedad de tonos. El aguatinta es un proceso de grabado muy similar al aguafuerte, pero que produce una impresión con un aspecto totalmente distinto. Para practicar esta técnica ciertas zonas de la lámina de metal se rocían con polvos de resinas, luego, como en el grabado al aguafuerte, la lámina se sumerge en ácido, con lo que se ahuecan todos los espacios que no estaban cubiertos con estos polvos. Así se van dibujando las diferentes figuras que quedarán al momento de imprimir.

GRABADO A LA PUNTA SECA. Técnica de grabado sobre lámina de zinc o de cobre en la cual se dibuja con un instrumento que parece un lápiz con punta de acero o de diamante. Este instrumento produce surcos en la lámina que serán los que recibirán la tinta para imprimir la imagen.

GOUACHE. Acuarela opaca. Tanto la acuarela como el *gouache* utilizan el color disuelto en agua, pero el color utilizado en el *gouache* es opaco y tiene el poder de cubrir totalmente el papel. Por eso en esta técnica el blanco y la luz no se obtienen por la transparencia del papel como en la acuarela, sino por el empleo del color blanco.

LIENZO. Tela generalmente hecha de lino cáñamo o algodón que se prepara especialmente para pintar sobre ella. También se llama lienzo a la obra pictórica hecha sobre tela.

MASONITE. Sustituto de la madera. El masonite es una especie de cartón con una textura sumamente compacta. Se fabrica prensando fibras de madera que se entrelazan para formar una superficie permanentemente dura. Algunos pintores lo utilizan para pintar sobre él.

MOSAICO. Técnica artística que permite hacer una imagen con la unión de pequeñas piedras, pedazos de terracota o vidrios de colores.

MURAL. Técnica que consiste en pintar sobre paredes y techos, pero a diferencia del fresco, en estas piezas se ocupan las paredes perfectamente secas. Los murales generalmente son relatos pictóricos con diversos episodios.

ÓLEO. Material para pintar hecho con pigmentos disueltos en aceites. La técnica de la pintura al óleo tiene un secado lento, por lo que se puede pintar pincelada sobre pincelada y realizar rectificaciones sin que se estropee la obra.

PALETA. Tabla pequeña sin mango en la cual el pintor coloca un poco de los colores que utilizará para pintar. También se llama paleta al colorido utilizado por cada pintor o la gama de colores usada en una obra determinada.

PANORÁMICA. Imagen vista desde una distancia grande que permite contemplar el conjunto de lo que se quiere abarcar. Las panorámicas se distinguen por el amplio horizonte visual que cubren y generalmente se utilizan para mostrar paisajes o panoramas arquitectónicos.

PAPEL IMPRESO. Papel que formaba parte de libros, periódicos u otros impresos, que tiene letras, imágenes u otros elementos. Algunos artistas usan papel impreso como parte de su obra.

PASTEL. Material para pintar hecho con pigmentos en polvo aglutinados con goma o con resina, lo que forma una barrita semejante a un gis con la que se puede pintar directamente sobre papel.

PIGMENTO. Partículas de color que tienen origen orgánico como los vegetales o inorgánico como los minerales, y que se muelen finamente para después mezclarlas con agua, aceites o algunos otros aglutinantes y así formar el material con que trabajan los pintores. Las acuarelas, los óleos y los acrílicos, entre otras pinturas, tienen en sus componentes pigmentos que les dan el color.

PINCEL. Instrumento usado principalmente para pintar. Generalmente se fabrican con un mango de madera o de metal en el que se sujetan cerdas, alambres, o pelos de ardilla, marta u otros animales.

PINCELADA. Trazo o golpe que el pintor da con el pincel. Se dice que la obra de algunos pintores puede distinguirse por su tipo de pincelada.

PLÁSTICAS. Artes que se refieren a las formas, como la arquitectura, la escultura, la orfebrería, la pintura y el grabado.

RETRATO. Pintura, escultura o fotografía que representa el rostro de una persona, y que refleja, además de sus rasgos físicos, algunas características psicológicas particulares.

TEMPLE. Técnica de pintura en la cual los pigmentos se mezclan con una emulsión natural, como la yema del huevo, o una artificial, como la goma. Su forma más común es el temple de huevo. La yema proporciona una emulsión natural que, mezclada con los otros pigmentos y agua destilada, se convierte en un tipo de pintura de fabricación casera que se puede aplicar sobre superficies rígidas como la madera preparada con yeso o estuco blanco.

XILOGRAFÍA. Técnica de grabado sobre madera donde se dibuja con instrumentos llamados gubias, que son parecidas a los desarmadores pero con filo en la punta. Con las gubias se ahueca la madera en los espacios del dibujo que quedarán en blanco y los que han de quedar en negro no se tocan. Después se entinta esta placa con un rodillo para hacer la impresión.

Pintores mexicanos de la A a la Z
se terminó de imprimir en el mes de septiembre de 2012
en los talleres de Grupo Art Graph, S.A. de C.V.
con domicilio en Av. Peñuelas 15-D,
Col. San Pedrito Peñuelas, C.P. 76148.
Querétaro, Querétaro.